BEI GRIN MACHT SICH IH
WISSEN BEZAHLT

- Wir veröffentlichen Ihre Hausarbeit,
  Bachelor- und Masterarbeit

- Ihr eigenes eBook und Buch -
  weltweit in allen wichtigen Shops

- Verdienen Sie an jedem Verkauf

Jetzt bei www.GRIN.com hochladen
und kostenlos publizieren

Bibliografische Information der Deutschen Nationalbibliothek:

Die Deutsche Bibliothek verzeichnet diese Publikation in der Deutschen National-
bibliografie; detaillierte bibliografische Daten sind im Internet über http://dnb.d-
nb.de/ abrufbar.

Impressum:

Copyright © 2017 GRIN Verlag, Open Publishing GmbH
Druck und Bindung: Books on Demand GmbH, Norderstedt Germany
ISBN: 9783668613164

Dieses Buch bei GRIN:

https://www.grin.com/document/387345

Yannic Fraebel, Kamil Gorszczyk

Aus der Reihe: e-fellows.net stipendiaten-wissen

e-fellows.net (Hrsg.)

Band 2650

Die Blockchain als Disruptor der deutschen Finanzbranche?

Anwendung einer SWOT-Analyse

GRIN Verlag

GRIN - Your knowledge has value

Der GRIN Verlag publiziert seit 1998 wissenschaftliche Arbeiten von Studenten, Hochschullehrern und anderen Akademikern als eBook und gedrucktes Buch. Die Verlagswebsite www.grin.com ist die ideale Plattform zur Veröffentlichung von Hausarbeiten, Abschlussarbeiten, wissenschaftlichen Aufsätzen, Dissertationen und Fachbüchern.

Besuchen Sie uns im Internet:

http://www.grin.com/

http://www.facebook.com/grincom

http://www.twitter.com/grin_com

Die Blockchain als Disruptor der deutschen Finanzbranche?
Anwendung einer SWOT - Analyse

Seminararbeit

Seminar Wirtschaftsinformatik I
Digitalisierung und strategisches Management

Eingereicht an der Hochschule München
Fakultät für Informatik und Mathematik

von

Kamil Gorszczyk   Yannic Fraebel

Abgabe Datum:
23.03.17

Inhaltsverzeichnis

Abbildungsverzeichnis

Tabellenverzeichnis

1

1 Einleitung

„You never change things by fighting the existing reality. To change something, build a new model that makes the existing model obsolete." – Richard Buckminster Fuller

Die mediale Aufmerksamkeit, welches die Bitcoin Währung aufgrund des bisher höchsten Wechselkurses (in Dollar) genießt und selbst den Goldpreis kurzzeitig überholte, gibt Aufschluss darüber, dass sie weit mehr Potenzial hat, als anfangs vermutet. (Holodny, 2017) Die vorliegende Seminararbeit gibt einen Überblick über die Funktionsweise und mögliche Auswirkungen der Blockchain-Technologie auf die deutsche Finanzbranche und untersucht diese durch Anwendung einer SWOT -Analyse. Dabei werden zunächst die essentiellen Grundlagen der SWOT -Analyse erklärt. Danach wird die Blockchain-Technologie vorgestellt und kurz erläutert. Hierbei wird ein kleiner Exkurs auf die Grundfunktionen des Geldes gegeben, sowie der Zusammenhang zu Kryptotransaktionssystemen erklärt. Anschließend wird ein Marktüberblick über die führende virtuelle Währung Bitcoin aufgezeigt sowie über den aktuellen Stand hinsichtlich Blockchain in der deutschen Finanzindustrie. Der Hauptteil der Seminararbeit folgt anschließend als themenspezifische SWOT -Analyse. Zuletzt geben die Autoren noch einen Ausblick, wie sich die Technologie möglicherweise entwickeln wird und welchen Einfluss dies nicht ausschließlich, aber vor allem auf die deutsche Finanzbranche haben wird.

2 SWOT -Analyse

Das Ziel ist es, Handlungsempfehlungen und -optionen für unterschiedliche Fragestellungen zu entwickeln. Im Anbetracht auf das Technologie- und Innovationsmanagement kann die SWOT-Analyse die Erstellung der Innovationsstrategie vereinfachen, indem sie die dafür erforderlichen Informationen bereitstellt. (Stern & Jaberg, 2007, S. 38f)

Die Erstellung einer SWOT-Analyse beinhaltet die externe Umweltanalyse und die interne Unternehmensanalyse. Während eine technologie- und innovationsorientierte Umweltanalyse zum Ziel hat, Risiken (Threats) und Chancen (Opportunities) im Unternehmensumfeld aufzudecken, sollen mit Einsatz der Unternehmensanalyse eigene Innovationsstärken (Strengths) und Innovationsschwächen (Weaknesses) zur Realisierung einer erkannten Handlungsstrategien zur Vermeidung einer aufgezeigten Gefahr identifiziert werden. (Hagenhoff, 2008, S. 24)

2.1 Externe und interne Sicht

Als erstes müssen die relevantesten Stärken und Schwächen des eigenen Unternehmens im Rahmen der Unternehmensanalyse erkannt werden. Stärken sind Faktoren, die zu einer relativ wichtigen Wettbewerbsposition bringen, während Schwächen Unternehmen daran hindern, Wettbewerbsvorteile zu erobern. Die Stärken und Schwächen ergeben sich aus den Kernkompetenzen und Ressourcen des Unternehmens. Nützlich ist hier eine vorherige Aufdeckung der entscheidenden Erfolgsfaktoren. In Relation zu diesen können alle Stärken und Schwächen abgeprüft werden. Wichtig hierbei ist, dass alle identifizierten Stärken und Schwächen relativ sind, d. h. ihr Aussagewert ergibt sich aus ihrer Relevanz im Wettbewerbsvergleich aus Sicht des Kunden. (Bruhn, 2013, S. 225)

	Makro und Branchenumwelt	
	„Opportunities"	„Threats"
Ressourcen und Fähigkeiten	„Strengths" Haben wir die Stärken, um Chancen zu nutzen?	Haben wir die Stärken, um Risiken zu bewältigen?
	„Weaknesses" Welche Chancen verpassen wir wegen unserer Schwächen?	Welchen Risiken sind wir wegen unserer Schwächen ausgesetzt?

Tab. 1 Die Vier - Felder – Matrix

(Hungenburg, 2014, S. 86)

Als zweites wird die externe Analyse (Umweltanalyse) behandelt. Hier sollen Chancen und Risiken aufgedeckt werden, die sich im Wettbewerbsumfeld ergeben und auf die das Unternehmen keinen direkten Einfluss ausüben kann. (Wittmann, Leimbeck, & Tomp, 2006, S. 32)

3

Generell können in Hinsicht auf die Analyse der Umwelt in die Bestandteile Technologiefrüherkennung und -prognose und die technologische Konkurrenten Analyse untergliedert werden. (Hagenhoff, 2008, S. 24) Die Technologiefrüherkennung und -prognose dient dazu, Anhaltspunkte und Gefahrensignale aus der Unternehmensumwelt aufzunehmen und zu eruieren, um bei anstehenden Entscheidungen schneller als die Wettbewerber handeln zu können. Beispielsweise werden Weiterentwicklungspotenziale neuartiger Technologien oder Grenzen bekannter Technologien aufgedeckt. Hierfür können öffentliche zugängliche Quellen (Fachzeitschriften und Magazine, Patentdatenbanken), innovative Zulieferer und Kunden, wissenschaftliche Institutionen, sowie die Bewertung technischer Standards als Informationsquellen dienen. (Hagenhoff, 2008, S. 25)

Aus den Ergebnissen der internen und externen Analyse sollte die Unternehmung erschließen, inwieweit und auf welche Weise sie mit ihren vorhandenen Ressourcen fähig ist, auf aufkommende externe Veränderungen zu reagieren. Die Darstellung der Analyseergebnisse kann auf verschiedene Weise erfolgen. Am meisten Gebrauch findet die Gegenüberstellung des unternehmensinternen und des umweltbezogenen Aspekts unter Anwendung einer Vier-Felder-Matrix, in welche die Analyseergebnisse eingetragen werden. Erfolgskritisch ist hierbei die richtige Zuordnung zu den vier Feldern (siehe Tab. 1).

2.2 Normstrategien

Die SWOT-Analyse kann eine gute Grundlage für weiterführende Strategien bilden, die auch als SWOT-Normstrategien bekannt sind. „Ziel der SWOT-Analyse ist die Einschätzung des eigenen Geschäftsbereichs im Vergleich zum Wettbewerb bzw. zu Wettbewerbern mit der Absicht, konkrete Normstrategien zur Steigerung des Unternehmenserfolgs sowie zur Erhaltung und zum Ausbau des eigenen Wettbewerbsvorteils abzuleiten". (Pfaff, 2005, S. 86) Vier grundlegende Strategien lassen sich unterscheiden, die Stärken, Schwächen, Chancen und Risiken miteinander kombinieren:

- Stärken/Chancen-Strategie: Stärken einsetzen, um Chancen wahrzunehmen.
- Schwächen/Chancen-Strategie: Schwächen abbauen, um Chancen zu nutzen.
- Stärken/Risiken-Strategie: Internen Stärken ausbauen, um Risiken und Gefahren der Umwelt auszugleichen bzw. abzuwenden.

4

- Schwächen/Risiken-Strategie: Schwächen und Gefahren minimieren, um vor Risiken zu schützen.

(Tomp, Leimbeck, & Wittmann, 2006, S. 34 f.)

3 Die Blockchain – Technologie

„Blockchain: A digital ledger in which transactions made in bitcoin or another cryptocurrency are recorded chronologically and publicly. " (Englisch Oxford Living Dictionaries, kein Datum)

Die Blockchain ist dabei das System hinter digitalen Kryptowährungen wie Bitcoin. Diese ist selbst eine Datenbank von allen bereits ausgeführten Transaktionen und wird transparent und dezentral auf den Servern aller Teilnehmer gespeichert. Sie gewährt somit allen Nutzern, jederzeit einen Einblick in alle bereits durchgeführten Transaktionen und bietet eine Möglichkeit jeden Block auf seine Korrektheit zu überprüfen. (Sixt, 2017, S. 39) Um diese Dezentralität stärker zu betonen wird innerhalb des Finanzsektors oft von der sogenannten Distributed Ledger Technology gesprochen.

„Ein Distributed Ledger (wörtlich „verteiltes Kontobuch") ist ein öffentliches, dezentral geführtes Kontobuch. Er ist die technologische Grundlage virtueller Währungen und dient dazu, im digitalen Zahlungs- und Geschäftsverkehr Transaktionen von Nutzer zu Nutzer aufzuzeichnen, ohne dass es einer zentralen Stelle bedarf, die jede einzelne Transaktion legitimiert. Blockchain ist der Distributed Ledger, welcher der virtuellen Währung Bitcoins zugrunde liegt. " (Geiling, 2015)

Die Blockchain-Technologie verwendet hierbei den SHA256 Algorithmus, der von jeder eingegebenen Datenmenge einen eindeutigen Schlüssel mit immer gleicher Länge generiert. Dieser Algorithmus verändert den Hashwert bei der kleinsten Veränderung der eingegebenen Datenmenge merklich. (Decentralize Today, 2016)

„Anzumerken ist noch, dass es sich [...] um One-Way Hashes handelt. Es ist zwar schwer, einen solchen One-Way Hash zu erzeugen, aber sehr einfach zu überprüfen, ob das gelieferte Ergebnis auch stimmt" (Sixt, 2017, S. 41)

5

000000000019d6689c085ae165831e934ff763ae46a2a6c172b3f1b60a8ce26f

Abb. 1 Der Genesis-Hash

(Blockchain.info, 2009)

Innerhalb der Blockchain werden Informationen zu Transaktionen in sog. Blöcken abgespeichert. Ein Block besteht dabei aus einem Header - einem Zeitstempel der bei der Generierung des Blockes erstellt wird - dem Hashwert des Vorgänger Blockes, einer Nonce - einer beliebig großen Zahl - und den Hashwerten der angesammelten Transaktionen (siehe Abb. 4). (Andersen, 2016)

Die Aufgabe der Miner ist es, basierend auf den im Block enthaltenen Daten, einen neunen Hashwert nach vordefinierten Richtlinien - der „Difficulty" - des Systems zu erstellen. Dabei muss die Nonce so lange iteriert werden bis der vorgegebene Wert - im Fall von Bitcoin ein Hashwert mit einer vorgeschriebenen und ständig wechselnden Anzahl an führenden Nullen (siehe Abb. 2) - unterschritten wird. (Sixt, 2017, S. 40)

„Die Difficulty des Bitcoin-Systems wird adaptiv gesteigert, um die steigende Rechenleistung auszugleichen" (Gössel, 2016) (siehe Abb. 3)

Wird ein Hashwert errechnet, wird das gesamte Netzwerk über den Fund des Hashwertes informiert und muss nun zum Konsens kommen, ob dieser korrekt ist oder nicht. Auch hier wird nach einem demokratischen Prinzip Vorgegangen. Ein Konsens kann erst zustande kommen, wenn die Mehrheit der Miner diesen Hashwert überprüfen und nachvollziehen können.

Befindet sich das Netzwerk im Konsens wird der Block an die Blockchain gehangen und es wird mit der Berechnung des nächsten Blockes begonnen. Dem erfolgreichen Miner wird dabei eine Entschädigung für die verbrauchte Strom- und Rechenleistung in Form von Bitcoins ausgezahlt. (Entrup, 2013)

6

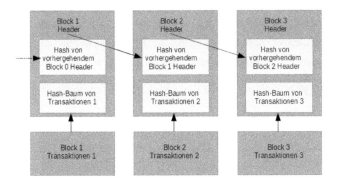

Abb. 2 Vereinfachte Darstellung einer Bitcoin Blockchain

(Bitcoin Developer Guide, 2016)

Durch das Anhängen des jeweils vorherigen Hashwertes an den nächsten Block wird darüber hinaus sichergestellt, dass die Manipulation bereits bestehender Blöcke unmöglich wird. Jede kleinste Veränderung eines Blockes resultiert in einer Änderung des Hashwertes und wird beim Abgleich innerhalb des Netzwerkes umgehend als Falsch entlarvt. (Sixt, 2017)

3.1   Grundfunktionen des Geldes

Eine Sache wird in der Geldtheorie als Geld bezeichnet, wenn folgende Grundmerkmale zutreffen:

- „Wertaufbewahrungsfunktion: Die Aufbewahrung von Geld erlaubt es, Kaufkraft zu speichern.
- Vergleichs- bzw. Rechenmittelfunktion: Dabei werden Preise von Gütern als Wertmaßstab eingesetzt und Warenwerte in Relation zueinander gesetzt.
- Zahlmittel- bzw. Tauschmittelfunktion: Elementar für das Wesen des Geldes ist die Eigenschaft als Tauschmittel. Dieser Habitus gibt Geld den höchsten Liquiditätsgrad als Faktor 1. Das bedeutet, Geld wird ohne Abschlag zum Nominalwert angenommen." (Sixt, 2017, S. 47)

In Anbetracht der Tatsache, dass heutiges Zentralbankgeld, wie beispielsweise der Euro oder der US-Dollar Fiatgeld darstellen, werden virtuelle Währungen oder digitales Geld nicht gesetzlich reguliert. Dieses wird von den Entwicklern bzw. Programmieren der

Währung ausgegeben und schlechtesten Falls kontrolliert. Satoshi Nakamoto, der Schöpfer der Bitcoin Währung, war ein starker Gegner von Fiatgeld und hinterfragte die Vertrauenskonzepte des traditionellen Finanzsystems. Viele Anhänger der Blockchain – Technologie vertreten deshalb auch die Ansicht, dass es kein Zufall war, dass das Whitepaper mitten in der Finanzkrise 2008 veröffentlicht wurde. (Nakamoto, 2008)

3.2   Kryptotransaktionssysteme

Bei Kryptotransaktionssystemen wird das Vertrauen in die zentralen Instanzen bzw. Intermediäre (z.b. Zentralbanken, Notare etc) sowohl als Aufsichtsorgan als auch als finanz- und geldpolitischer Regulator (im Falle der Zentralbanken) durch das Vertrauen in einen Algorithmus und die Gesetze der Mathematik bzw. Kryptologie ersetzt. Möglichkeiten ein Kryptotransaktionssystem zu schaffen gibt es viele. Erwähnenswerte Vertreter sind wie bereits erläutert das Bitcoin Protokoll (Blockchain 1.0 als Zahlungsabwicklungssystem) und Ethereum als Erfassungs- und Abwicklungssystem für Verträge über Vermögensgegenstände aller Art (Blockchain 2.0). (Ethereum, 2016)

Die von der Credit Suisse in Auftrag gegebene Statistik (vgl. Abb. 2) gibt die prozentuale Zustimmung zur Aussage wieder, in welchem Bereich der Einfluss der Blockchain am stärksten sein wird. Auch hier wird klar ersichtlich, dass das meiste Potenzial in erster Linie bei der Finanzbranche gesehen wird, die von Kryptotransaktionssystemen disruptiv beeinflusst wird.

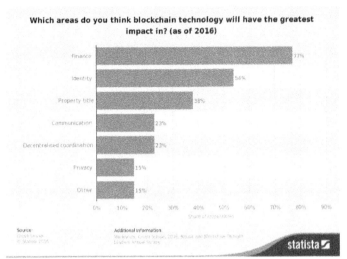

Which areas do you think blockchain technology will have the greatest impact in? (as of 2016)

Abb. 3 Statistische Befragung zur Auswirkung der Blockchain nach Themen

(Credit Suisse, 2016)

Eine Kerneigenschaft des Kryptotransaktionssystems Bitcoin ist beispielsweise die von Nakomoto implementierte Geldmengenbeschränkung auf 21 Mio. BTC, womit das größte Übel des Fiatgeldes, die unendliche Geldschöpfung, verhindert werden soll. Sollte sich die Mehrheit der Nutzer entscheiden, diese Geldeinheiten zu erhöhen, so wird es sich um einen Beschluss der Mehrheit der Nutzer handeln und nicht um die alleinige Entscheidung einer zentralen Autorität. (Nakamoto, 2008)

3.3 Aktuelle Marktentwicklung der deutschen Finanzbranche (Blockchain)

Um einen Marktüberblick über die deutsche Finanzbranche zu erhalten, wird im Folgenden auf die „Big Player" der deutschen Industrie eingegangen sowie der Trend der Fintech - Branche betrachtet. Mit einer Bilanzsumme von 1629 Mrd. € (Stand 2015) ist die Deutsche Bank AG mit Abstand das größte Institut in der deutschen Finanzbranche. Erwähnenswert sind außerdem die Commerzbank AG (2., Bilanzsumme 533 Mrd. €), sowie die KfW Kreditanstalt für Wiederaufbau(3., Bilanzsumme 503€ Mrd. €). (Bankenverband, 2016, S. 8 & 9). Laut einer Befragung mit dem Titel „Welches sind Ihrer Meinung nach die größten Trends der Fintech-Branche?" aus dem Jahr 2016 gaben nur etwa 13% der Befragten an, dass dies die Blockchain-Technologie sei. (Statista Expertenbefragung, 2016). Obwohl diese auf dem 4. Platz mit der „Automatisierung von

Fintech-Diensten" steht, ist das Interesse der Banken doch immens. So hat beispielsweise die Deutsche Bundesbank „einen funktionalen Prototyp für die Wertpapierabwicklung auf Basis der Blockchain-Technologie" entwickelt. (Deutsche Bundesbank, 2016) Dieser ist bereits heute in der Lage folgende Tätigkeiten zu übernehmen, auch wenn er noch nicht an der Börse eingesetzt wird:

- „Blockchain-basierte Zahlungen und Wertpapiertransfers sowie die Abwicklung von Wertpapiertransaktionen sowohl gegen sofortigen als auch zeitverzögerten Wertausgleich,

- Wahrung der Vertraulichkeit/Zugriffsrechte im Rahmen von Blockchain-basierten Konzepten auf Basis eines frei anpassbaren Rechtekonzepts,

- grundsätzliche Berücksichtigung der bestehenden regulatorischen Vorgaben,

- Identifizierung von Potenzial für Vereinfachungen bei der Geschäftsabstimmung wie im regulatorischen Berichtswesen und

- Umsetzung des Konzeptes basierend auf einer Blockchain des Hyperledger-Projekts."

(Deutsche Bundesbank, 2016)

Auch die Deutsche Bank AG hat die fortschreitende unumgängliche Entwicklung erkannt, dass die Blockchain Einzug in den Finanzsektor halen wird. Folgerichtig weist sie in einem Prospekt mit dem Titel *„Powering the flow of global capital -Capital markets investor insights"* Interessierte darauf hin, dass die Blockchain mit hoher Wahrscheinlichkeit in den nächsten sechs Jahren immer aktiver genutzt wird und das disruptive Potential besitzt, ganze Geschäftszweige zu verändern. (Deutsche Bank AG, 2016, S. 6f)

3.4   Marktüberblick der Währung Bitcoin

„Die Cyber-Währung aus dem Internet wird immer beliebter. Der Kurs ist jetzt erstmals über 1.200 Dollar gestiegen. Die Aussicht auf eine Verbreiterung des Marktes für die Kunstwährung facht die Fantasie an." (boerse.ARD.de, 2017)

Der Marktkurs der Kryptowährung Bitcoin hat seit dem ersten Genesis-Block eine große Entwicklung durchlebt. Innerhalb der letzten Jahre stieg der Bitcoin Kurs langsam von 0,0025 US-Dollar auf 1 US-Dollar bis er schließlich im Frühjahr 2011 seinen ersten Aufschwung erlebte. Der Bail-In des Bankensystems auf Zypern wird als Startpunkt für die erste große Aufschwung Phase verzeichnet, in der viele Anleger auf Zypern ihre Spareinlagen in die Kryptowährung retteten. Durch die Berichterstattung der Medien und dem Aufspringen vieler chinesischer Spekulanten stieg der Kurs, Ende des Jahres 2013, auf seinen bisherigen Höchststand von 1.242 US-Dollar. (Beckmann & Szymanski, 2016)

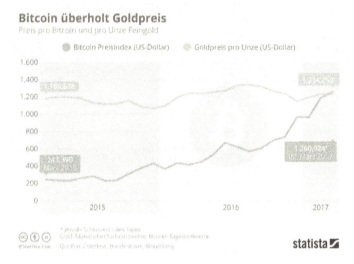

Abb. 4 Bitcoin Preisindex gegenüber dem Goldpreis pro Unze

(Statista, 2017)

Wie in Abb. 4 deutlich zu erkennen ist, ist die Kryptowährung Bitcoin innerhalb der letzten Jahre rasant gegenüber dem Goldpreis pro Unze gestiegen und hat diesen am 02 März 2017 sogar überstiegen. Dies deutet darauf hin, dass Bitcoin für viele Anleger Zuflucht in unsicheren Zeiten geworden ist. (Redaktion finanzen.net, finanzen.net, 2017)

Jedoch stößt die Technologie langsam an Ihre Grenzen. Mit zunehmender Beliebtheit müssen immer mehr Transaktionen auf mehrere Blöcke aufgespalten werden. Dies würde jedoch eine Spaltung der Währung mit sich ziehen, da ein neues System für die Übertragung eingeführt werden müsste. Ein Kursverlust könnte die Folge darstellen, da sich Verwirrung innerhalb uninformierter Nutzer breitschlagen könnte. (Redaktion finanzen.net, 2017)

4   Anwendung der SWOT - Analyse

4.1   Stärken und Schwächen

Die bereits erläuterten Funktionen der Blockchain sollen nun sowohl in Stärken und Schwächen als auch Chancen und Risiken gegliedert werden. Hierbei sei nochmal betont, dass die Schwächen und Stärken der Bitcoin - Blockchain nicht die der zugrundeliegenden Technik entsprechen. Entscheidend ist oft die Umsetzung und der Einsatz der Blockchain, wo sie ihr volles Potential entfesseln kann. Generell ist aber festzuhalten:

Stärken	Schwächen
• Erhöhte **Geschwindigkeit** der Abwicklung der Transaktion, da keine Transaktionsverifikation durch eine zentrale Behörde nötig ist • Operative **Effizienzgewinne** durch reine Digitalisierung von Vermögenswerten • Keine Löschung oder Reversibilität von Transaktionen (**Finalität**) • Reduziertes Abwicklungs- und Rechnungsbetragsrisiko da Gewährleistung authentifizierter offener Daten (**Transparenz**) • Transaktionen nahezu in Echtzeit (**Real-Time**) • **Kaum Transaktionsgebühren** durch Wegfall von Intermediären	• **Fehlende Standards** verhindern bisher Interoperabilität und Zugang zu den Massen • Globale **Skalierbarkeit** noch fragwürdig • **Starke Volatilität** bei Blockchain-basierenden Kryptowährungen (Dourado, 2015) • **Schlechtes Image** aufgrund häufiger medialer Nennung im Darknet Kontext • **Komplexität** hoch, Anspruch an den Nutzer noch enorm • **Programmierfehler** können nicht ausgeschlossen werden • **Datenschutzbedenken** durch vollständige Transparenz

• **Global** zugänglich • **Open Source** (jeder kann die Technik nutzen/weiterentwickeln)	

Tab. 2 Gegenüberstellung von Stärken und Schwächen

4.2 Chancen und Risiken

Dahin gegen ist eine der größten Chancen die Integration der Blockchain-Technologie in „Internet der Dinge" (kurz „IoT" – „Internet of Things") Geräte innerhalb der Industrie und im Betrieb. Diese könnten dann innerhalb des Betriebes nicht nur für die Dokumentation nützlicher Informationen und Statistiken, sondern auch für die Analyse und Optimierung von Prozessabläufen verwendet werden. Des Weiteren könnten diese Daten mit Hilfe der Blockchain-Technologie auch gewinnbringend an Dritte weiterverkauft werden. Die Integration der Blockchain-Technologie würde es außerdem erlauben, die verfügbare Rechenleistung auf das Mining der Blöcke zu verteilen um eine weitere Einnahmequelle hinzuzufügen.

Eine weitere Chance der Blockchain-Technologie wäre die Konzentration auf sogenannte. „Smart Contracts". *„Eigentlich ist es kein Vertrag sondern ein Algorithmus, der festlegt, welche Bedingungen (Input) zu welcher Entscheidung (Output) führen".* (Greveler, 2016) Smart Contracts haben mit Hilfe der Blockchain eine Vielzahl an Anwendungsmöglichkeiten. So könnten diese sowohl zum Kauf und Verkauf von Sachgütern als auch zum Nachweis von Eigentum dienen. Durch das „Proof of Work" - Konzept wäre zusätzlich sichergestellt, dass nur Personen mit genügend verfügbaren Mitteln ein Gut erwerben können und bei Fehlschlag eines Vertrages der gezahlte Einkaufspreis sofort auf das Konto des Schuldners und die Eigentumsrechte auf das Konto des Gläubigers zurückgesetzt werden.

Nichts desto trotz können Regulierungen der Politik eine Gefahr für die Blockchain-Technologie bedeuten. Die Kryptowährungsbörse „Coinbase" musste Anfang März 2017 bekannt geben, dass Kunden aus Hawaii aufgrund neuer regulatorischer Änderungen die Einlagen von ihren Bankkonten abziehen sollen und verbietet dazu neuen Kunden die Registrierung. (Wagenknecht, 2017) Diese Regulierungen besagen, dass Bitcoins unter den „Money Transmission Act" fällt und diese nur bei Besitz einer Lizenz übertragen werden dürfen. Darüber hinaus entschied die „Division of Financial Institutions", dass jeder, von Kunden gehaltene Bitcoin mit einem Äquivalent zum US-Dollar als liquide Reserve gehalten werden soll. (Suarez, 2017) Dies ist bei einem Kurs von 1 BTC = 1046,16 USD (Stand 23 März 17) (Blockchain Luxembourg S.A.R.L, 2017) vollkommen unmöglich.

Den technischen Aspekt abgesehen, befindet sich die Blockchain-Technologie und die darüber gehandelte Währung Bitcoin auf dem Weltwährungsmarkt und hat somit auch Konkurrenz. Viele Geschäfts und Zentralbanken arbeiten bereits an eigenen Blockchain-Technologien um eine kryptische Währung auf dem Weltmarkt anbieten zu können. „Bitcoin hat nur Wert, so lange die Leute einen Wert darin sehen und eine Nachfrage danach besteht." (Badertscher, 2016) Darüber hinaus bestehen bereits heute Angebote im Internet, die das Prinzip der Blockchain Technologie imitieren, jedoch gänzlich anders sind. Diese gaukeln den Benutzer ein dezentralisiertes System vor, werden aber trotzdem von einer zentralen Stelle kontrolliert. (Tepass, 2016)

4.3   Ergebnis und Normstrategien

Im Folgenden sollen nun anhand der in den Punkten 4.1 und 4.2 recherchierten Stärken und Schwächen sowie Chancen und Risiken Normstrategien zur Schöpfung des optimalen Potentials der Blockchain-Technologie erörtert werden. Dabei wird auf die in Punkt 2.2 erörterten Normstrategien Bezug genommen.

Die Stärke der Blockchain-Technologie Effizienzgewinne durch reine Digitalisierung von Vermögenswerten könnte eingesetzt werden, um die Chance der Smart Contracts wahrzunehmen und dadurch einen neuen Markt für handelbare digitale Vermögenswerte zu etablieren. Dieser neu geschaffene Markt würde anhand der Blockchain-Technologie den Gläubiger und Schuldner immer eindeutig identifizieren und dank der Programmierbarkeit der Smart Contract's bei eventuellem Misslingen des Vertrages den Vermögenswert an seinen eindeutigen Besitzer zurück überweisen.

Eine weitere Möglichkeit die Stärken und Chancen - Strategie anzuwenden, wäre bei der Verknüpfung der geringen Transaktionskosten innerhalb der Blockchain-Technologie mit dem Weiterverkauf von eigens gesammelten Daten und Statistiken an Dritte. Diese könnten dann dank der geringen Transaktionskosten nicht nur öfter als bis dato mit anderen geteilt werden, der geleistete Arbeitsaufwand zum Sammeln und Aufbereiten der Daten würde durch den Verkauf über die Blockchain-Technologie eine geringe Summe als Aufwandsentschädigung wieder in das Unternehmen zurückbringen.

Innerhalb der Schwächen und Chancen-Strategie müsste die Blockchain-Technologie ihre Schwäche des schlechten Images die durch die Involvierung der Medien entstanden ist, abbauen, um die Chance der Integration in „Internet der Dinge" Geräte zu nutzen. Bislang wurde die Integration der Blockchain-Technologie in IoT –Geräte aufgrund der schlechte Reputation gemieden. Dies könnte sich jedoch durch gut konzipierte PR Aktionen ändern und somit das Vertrauen in die Blockchain-Technologie verstärken. Die Technologie der „IoT" könnte dann dazu genutzt werden, um das Minen von Blöcken schneller zu machen.

Um Risiken und Gefahren der Umwelt wie die möglichen Regulierungen der Blockchain-Technologie auszugleichen müsste diese ihre Stärke der Transparenz weiter ausbauen. Die Gefahr die bis dato von vielen Regierungen dieser Welt innerhalb der Blockchain-Technologie gesehen wird, ist die Möglichkeit des Abschließens und durchführen von Illegalen Transaktionen, wie dem Drogen oder Waffenhandel. Diese müsste ihre Transparenz aufgrund dessen, soweit ausbauen, um das Vertrauen ihrer bisherigeren Nutzer nicht zu gefährden, aber auch soweit, um Illegale Aktionen zu verbieten.

Die Schwäche, der Fehlenden Standards innerhalb der Blockchain Technologie muss soweit minimiert werden, um vor der Gefahr der Konkurrenz durch eigenes Entwickelte Blockchain Technologie von Zentralbanken zu schützen. Wie in 4.2 beschrieben, arbeiten Zentralbank bereits heute, an ihrer eigenen Form von Blockchain um die Notwendigkeit eines Intermediär nicht zu verlieren aber trotzdem von der hohen Sicherheit und Zuverlässigkeit der Blockchain Gebrauch zu machen. Die bis dato verwendete Blockchain Technologie müsste, um diesem Risiko entgegen zu kommen, ihre Standards insoweit ausbauen, um ein nicht-ersetzbares und Massentaugliches System zu werden.

5   Fazit

Die Blockchain – Technologie besitzt durchaus das Potential ganze Geschäftszweige disruptiv zu beeinflussen. Beobachten lässt sich dies auch vor allem daran, dass die wachsende Zahl an Startups, die auf Blockchain setzt, vorwiegend ein disruptives Geschäftsmodell besitzt. Dies ist themenübergreifend z.b. in der Industrie 4.0 oder auch im Fintech-Bereich zu sehen. Die frühen Anarchisten der Bitcoin Bewegung wollten Banken überflüssig machen. Paradoxerweise sind es zurzeit aber gerade Finanzmanager, die von der Blockchain schwärmen. Sie sehen sie als Möglichkeit ihre Branche schneller, innovativer und profitabler zu machen. Mittlerweile erforschen so gut wie alle größeren Finanzinstitute die dezentrale Technologie. In ihren Imagevideos, Pressemitteilungen und Whitepapers versprechen fast alle „die ganz große Umwälzung". Inwiefern die gut klingenden Konzepte ökonomisch und technisch dauerhaft tragfähig sind, darüber lässt sich bisher nur spekulieren. Aktuell ist das Massengeschäft als eher unrealistisch zu bewerten, da die Technik sich noch relativ am Anfang befindet und die Entwicklung noch nicht absehbar ist. Ein weiterer gravierender Nachteil ist aktuell auch noch das Fehlen gemeinsamer Standards sowie eines neutralen Gremiums, dass diese festlegt. Es besteht zudem auch kein dringender Handlungszwang, da z.b. Überweisungen heutzutage bereits schon sehr schnell und unkompliziert ausgeführt werden. Es ist deshalb anzuraten die Entwicklung der Blockchain interessiert zu verfolgen, sowie sich eine gewisse Basis an Expertise auch als Laie anzueignen.

16

6 Literaturverzeichnis

Andersen, N. (März 2016). *Vorstellung der Blockhain-Technologie "Hallo, Welt".* Abgerufen am 19. März 2017 von https://www2.deloitte.com/content/dam/Deloitte/de/Documents/Innovation/Vorstellung%20der%20Blockchain-Technologie.pdf

Badertscher, M. (23. Dezember 2016). *Handelszeitung.* Abgerufen am 23. März 2017 von http://www.handelszeitung.ch/blogs/bits-coins/bitcoin-explodiert-das-sind-jetzt-die-8-risiken-1301885

Bankenverband. (2016). *Bankenverband.de.* Abgerufen am 21. März 2017 von Zahlen, Daten, Fakten der Kreditwirtschaft: https://bankenverband.de/media/publikationen/08122016_Zahlen_und_Fakten_web.pdf

Becher, D. V. (07. Februar 2017). *So funktioniert die Blockchain - PCWELT.* Abgerufen am 19. 03 2017 von http://www.pcwelt.de/a/so-funktioniert-die-blockchain,3389680

Beckmann, S., & Szymanski, S. (26. Februar 2016). (H. f. Essen, Herausgeber) Abgerufen am 21. März 2017 von http://winfwiki.wi-fom.de/index.php/Bitcoins_als_Spekulationsobjekt#Chancen_und_Risiken

Bitcoin Developer Guide. (2016). Abgerufen am 20. März 2017 von https://bitcoin.org/en/developer-guide#block-chain

Blockchain Luxembourg S.A.R.L. (23. März 2017). Abgerufen am 23. März 2017 von https://blockchain.info

Blockchain.info. (03. März 2009). Abgerufen am 20. März 2017 von https://blockchain.info/block/000000000019d6689c085ae165831e934ff763ae46a2a6c172b3f1b60a8ce26f

Blockchain.info. (20. März 2017). Abgerufen am 20. März 2017 von https://blockchain.info/de/charts/difficulty?timespan=180days#

boerse.ARD.de. (24. Februar 2017). *boerse.ard.de*. Abgerufen am 21. März 2017 von http://boerse.ard.de/anlagestrategie/geldanlage/bitcoin-so-gefragt-wie-nie100.html

Bruhn, M. (2013). *Qualitätsmanagement für Dienstleistungen - Handbuch für ein erfolgreiches Qualitätsmanagement. Grundlagen - Konzepte – Methoden* (9 Ausg.). Berlin: Gabler Verlag.

Buckminster Fuller, R. (kein Datum). Abgerufen am 24. März 2017 von https://de.wikipedia.org/wiki/Richard_Buckminster_Fuller

Credit Suisse. (2016). *Statista*. Abgerufen am 20. März 2017 von Bitcoin and Blockchain Thought: https://www.statista.com/statistics/647728/worldwide-blockchain-technology-impact-survey-by-sector/

Decentralize Today. (29. November 2016). Abgerufen am 21. März 2017 von https://decentralize.today/if-you-understand-hash-functions-youll-understand-blockchains-9088307b745d#.mf0gafkk1

Deutsche Bank AG. (November 2016). *db.com*. Abgerufen am 21. März 2017 von Deutsche Bank Investor Report: https://www.db.com/newsroom_news/Deutsche_Bank_Investor_Report.pdf

Deutsche Bundesbank. (28. 11 2016). *Bundesbank.de*. Abgerufen am 21. März 2017 von Gemeinsamer Blockchain-Prototyp von Deutscher Bundesbank und Deutscher Börse: http://www.bundesbank.de/Redaktion/DE/Pressemitteilungen/BBK/2016/2016_11_28_blockchain_prototyp.html

Dourado, E. (2015). *THE BITCOIN VOLATILITY INDEX*. Abgerufen am 24. März 2017 von THE BITCOIN VOLATILITY INDEX: https://btcvol.info

Ehrlicher, W., Esenwein-Rothe, I., Jürgensen, H., & Rose, K. (1975). *Kompendium der Volkswirtschaftslehre* (5 Ausg.). Göttingen: Vandenhoeck & Ruprecht.

Englisch Oxford Living Dictionaries. (kein Datum). Abgerufen am 20. März 2017 von https://en.oxforddictionaries.com/definition/blockchain

Entrup, G. (6. September 2013). Abgerufen am 21. März 2017 von https://www.thi.uni-hannover.de/fileadmin/forschung/arbeiten/entrup-ba.pdf

Ethereum, S. (2016). *Ethereum Project*. Abgerufen am 20. März 2017 von Ether: https://www.ethereum.org/ether

Fiedler, I. (06. Januar 2017). (J. Breithut, Interviewer, & Spiegel Online, Herausgeber) Von http://www.spiegel.de/netzwelt/web/bitcoin-experten-ueber-den-kurs-der-kryptowaehrung-a-1128832.html abgerufen

Fung, B., Hendry, S., & Weber, W. E. (Februar 2017). *Bank of Canada*. Abgerufen am 23. März 2017 von http://www.bankofcanada.ca/wp-content/uploads/2017/02/swp2017-5.pdf

Gössel, S. (24. Mai 2016). *Leadvise*. Abgerufen am 20. März 2017 von http://www.leadvise.de/blog/blockchain-technologie/

Geiling, L. (15. Februar 2015). *BaFin - Bundesanstalt für Finanzdienstleistungsaufsicht*. Abgerufen am 21. März 2017 von https://www.bafin.de/SharedDocs/Veroeffentlichungen/DE/Fachartikel/2016/fa_bj_1602_blockchain.html

Greveler, U. (16. Juni 2016). *Spektrum.de | SciLogs*. Abgerufen am 23. März 2017 von http://scilogs.spektrum.de/datentyp/blockchain-smart-contracts/

Hagenhoff, S. (2008). *Innovationsmanagement für Kooperationen: eine instrumentorientierte Betrachtung* (1 Ausg.). Göttingen: Universitätsverlag.

Holodny, E. (03. 03 2017). *Business Insider Deutschland*. Abgerufen am 03. 03 2017 von Bitcoin climbs above gold for the first time: http://www.businessinsider.de/bitcoin-price-tops-gold-price-2017-3

Hungenburg, H. (2014). *Strategisches Management im Unternehmen* (8 Ausg.). Berlin: Springer Gabler.

internet live stats. (23. März 2017). Abgerufen am 2013. März 2017 von http://www.internetlivestats.com/internet-users/

Nakamoto, S. (Oktober 2008). *Bitcoin.org*. Abgerufen am 20. 03 2017 von Bitocin: A Peer-to-Peer Electronic Cash System: https://bitcoin.org/bitcoin.pdf

Pfaff, D. (2005). *Competitive Intelligence in der Praxis*.

Redaktion finanzen.net. (20. März 2017). Abgerufen am 21. März 2017 von http://www.finanzen.net/nachricht/devisen/Waehrungs-Split-Boersen-bereiten-Aufspaltung-von-Bitcoin-in-zwei-Kryptowaehrungen-vor-5380579

Redaktion finanzen.net. (03. März 2017). *finanzen.net*. Abgerufen am 21. März 2017 von http://www.finanzen.net/nachricht/devisen/Rekordkurs-haelt-an-Bitcoin-erstmals-mehr-wert-als-Gold-5353711

Sixt, E. (2017). *Bitcoins und andere dezentrale Transaktionssysteme*. Wien: Springer Gabler.

Statista. (03. März 2017). *statista.com*. Abgerufen am 21. März 2017 von https://infographic.statista.com/normal/infografik_8378_bitcoin_ueberholt_gold preis_n.jpg

Statista Expertenbefragung. (November 2016). *Statista.de*. Abgerufen am 21. März 2017 von "Welches sind Ihrer Meinung nach die größten Trends der Fintech-Branche?": https://de.statista.com/statistik/daten/studie/647593/umfrage/umfrage-zu-den-groessten-trends-der-deutschen-fintech-branche/

Stern, T., & Jaberg, H. (2007). *Erfolgreiches Innovationsmanagement* (3 Ausg.). Gabler.

Suarez, J. (27. Februar 2017). *The Coinbase Blog*. Abgerufen am 23. März 2017 von https://blog.coinbase.com/how-bad-policy-harms-coinbase-customers-in-hawaii-ac9970d49b34#.7tdlkiovt

Tepass, T. (27. November 2016). *The Huffington Post*. Abgerufen am 27. März 2017 von http://www.huffingtonpost.de/tim-tepass/onecoins-kryptowaehrung_b_13227416.html

Tomp, E., Leimbeck, A., & Wittmann, R. (2006). *Innovationen erfolgreich steuern*.

Wagenknecht, S. (1. März 2017). *BTC-ECHO Bitcoin & Blockchain Pioneers.* Abgerufen am 23. März 2017 von https://www.btc-echo.de/coinbase-bietet-keine-bitcoin-dienstleistungen-in-hawaii-mehr-an/

Wittmann, R., Leimbeck, G., & Tomp, E. (2006). *Innovationen erfolgreich steuern* (1 Ausg.). München: REDLINE Verlag.